I0704856

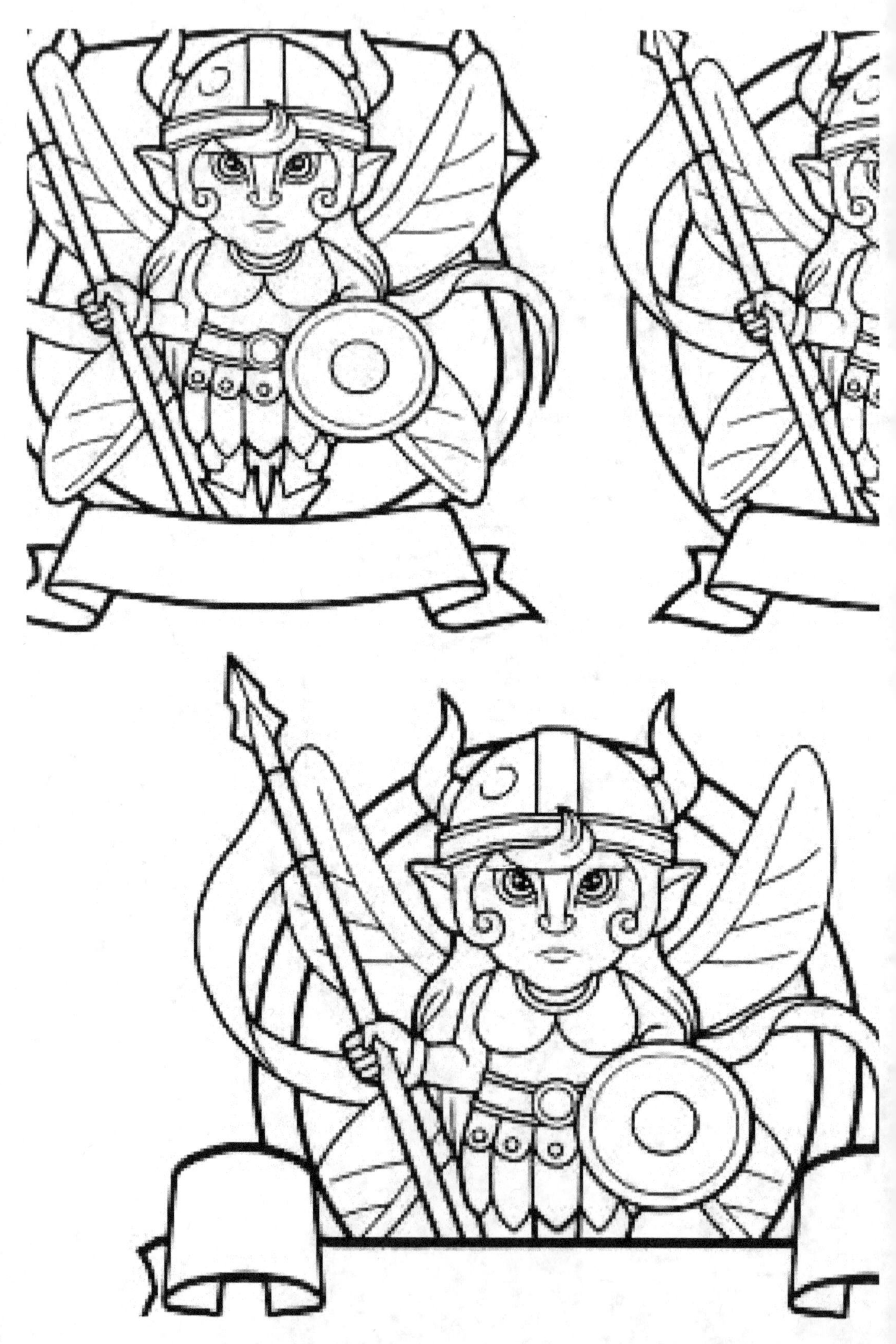

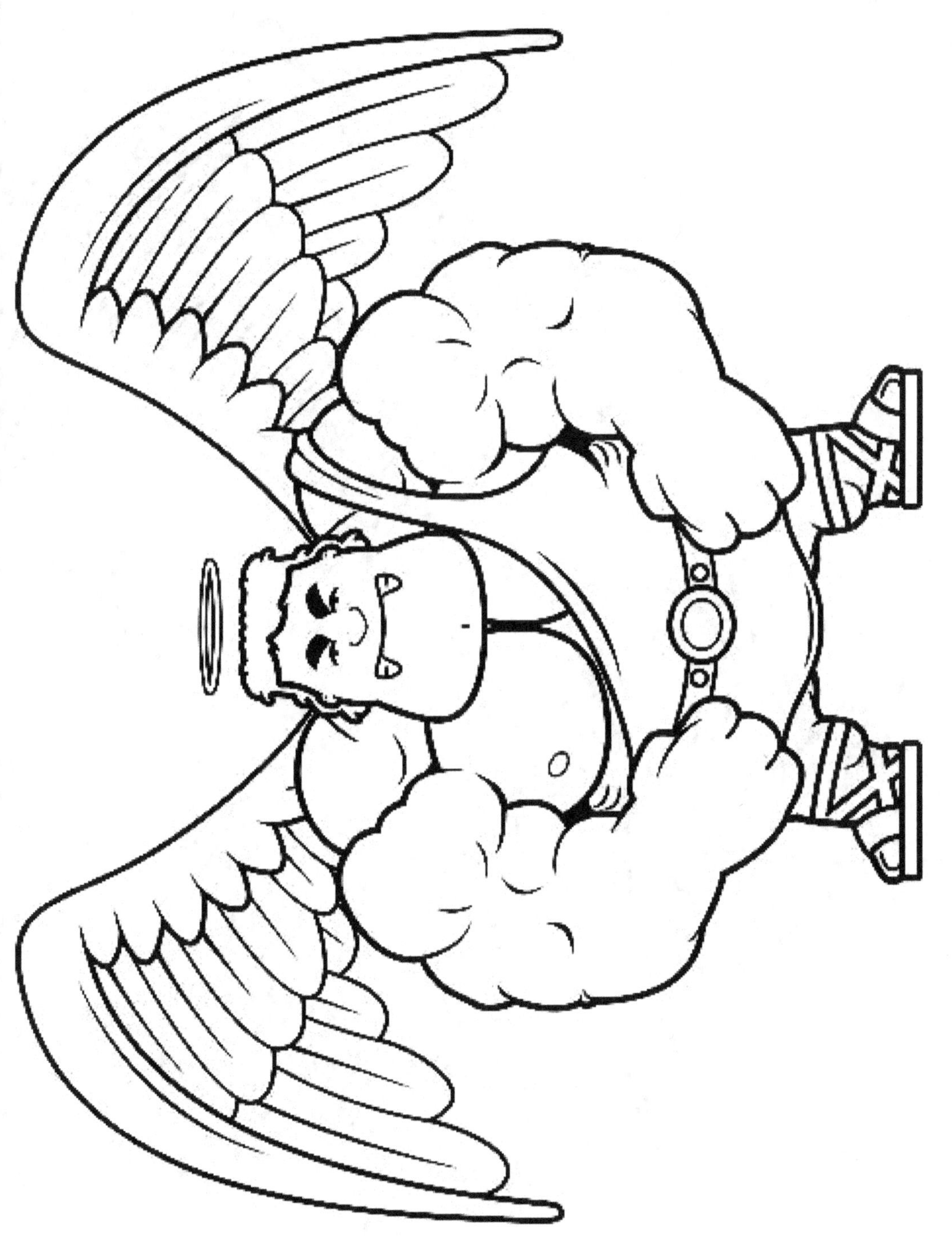

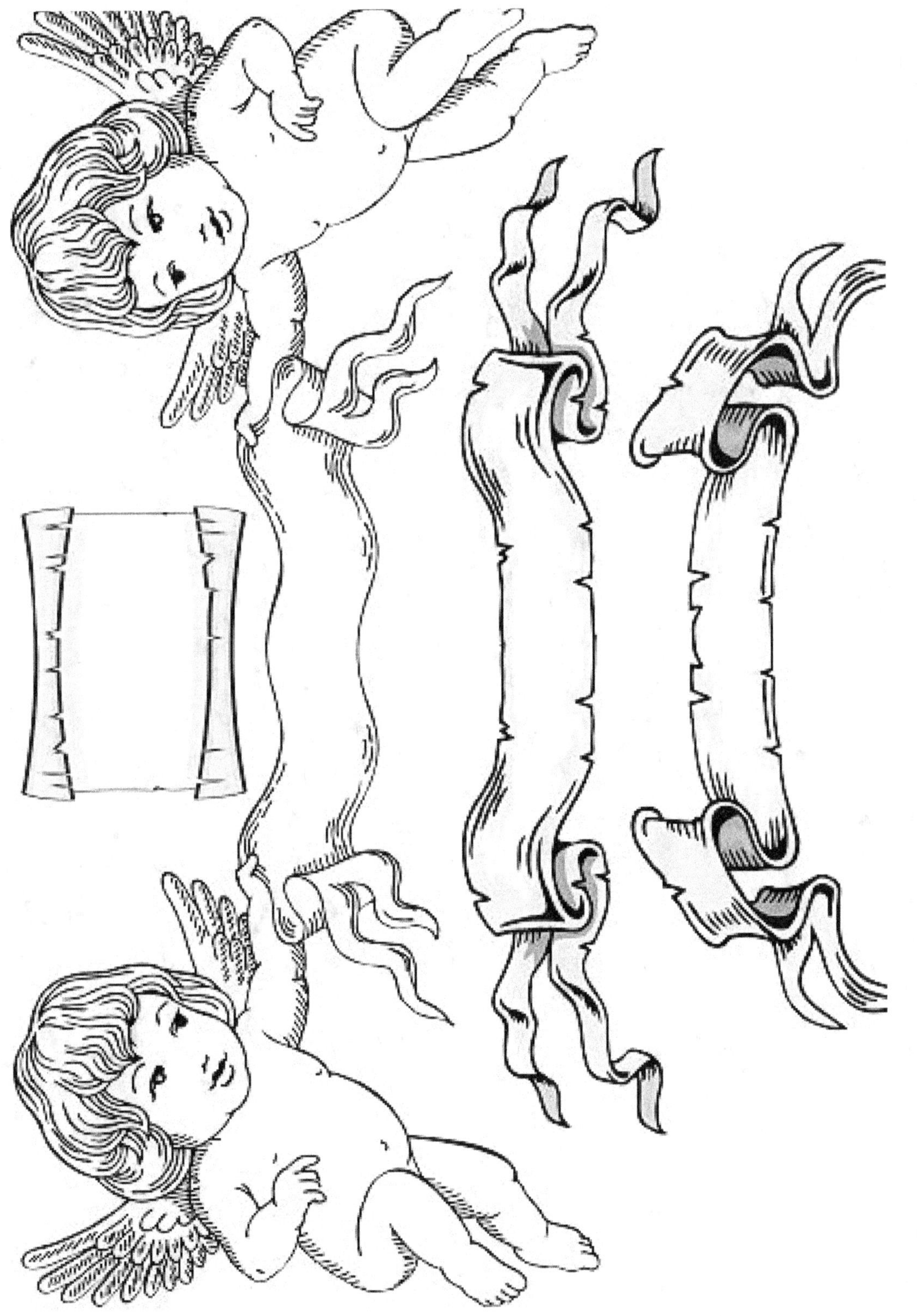

Gloire à Dieu dans les lieux
très hauts, Et paix sur la terre
parmi les hommes qu'il
agrée!   (Luc 2:14)

RaisingOurKids.com

Angels we have
heard on high!

Milliand

HFB

HFB

GLUE

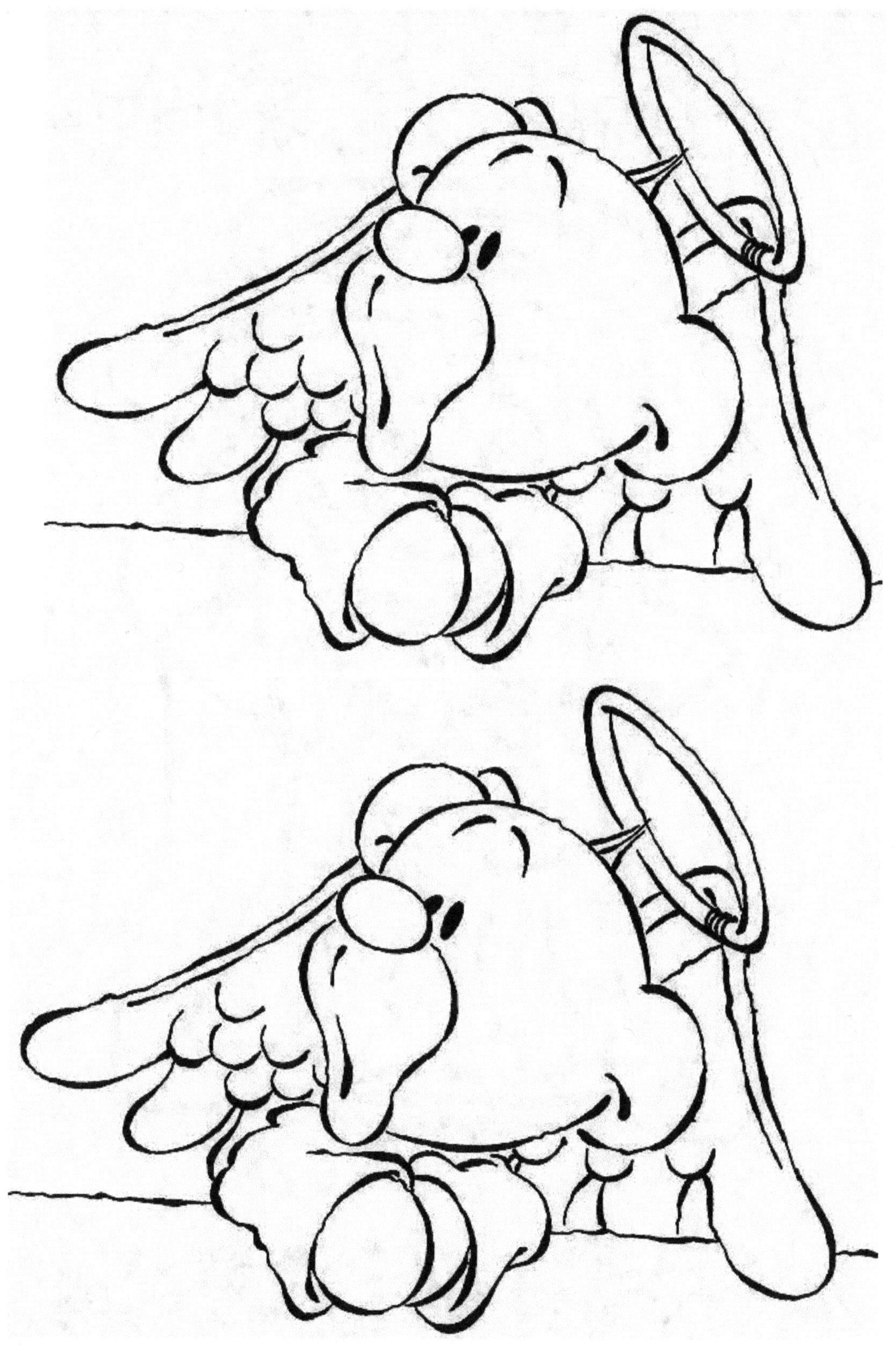

COOL2BKIDS.COM

COOL2BKIDS.COM

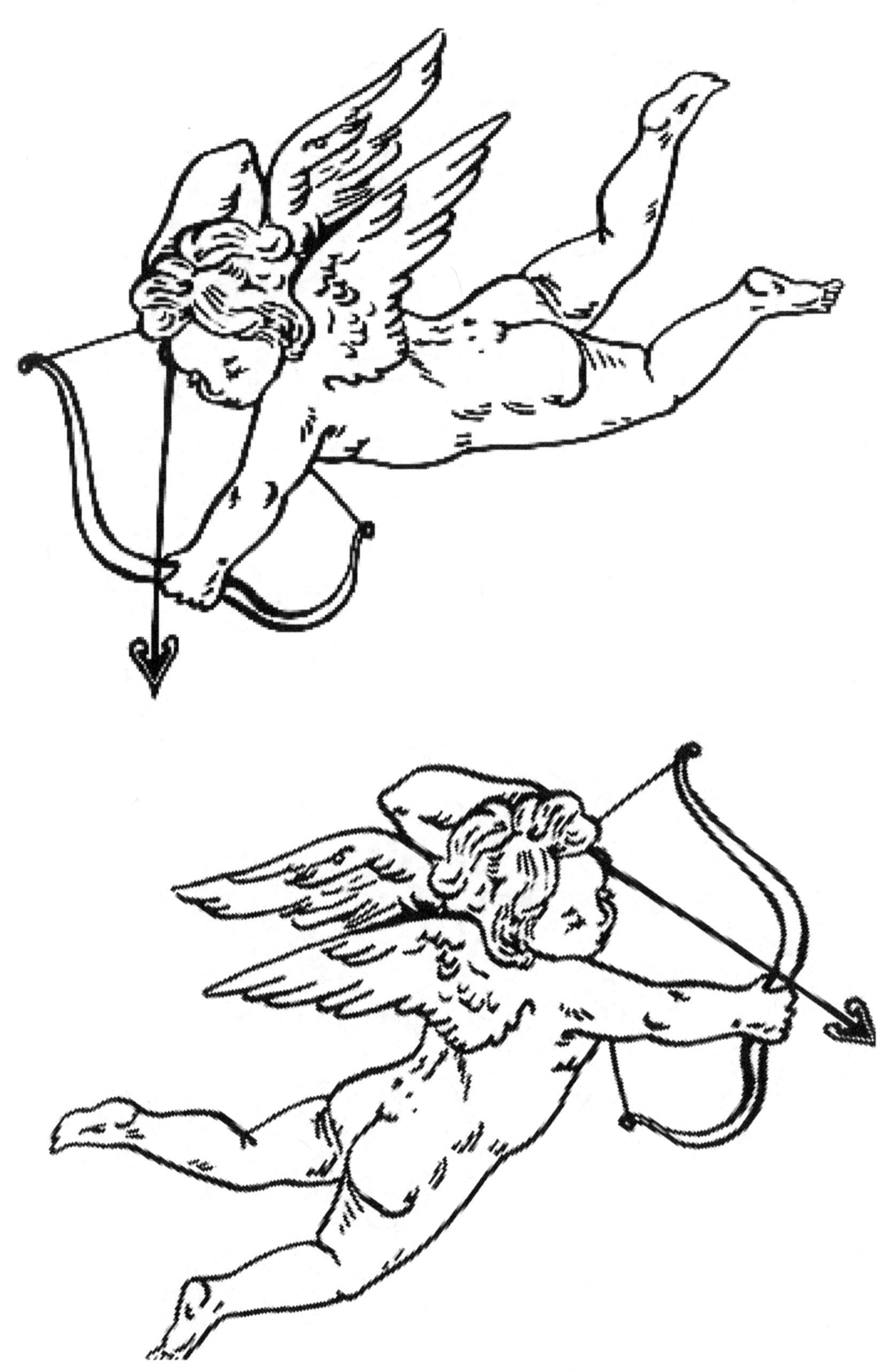

www.ingramcontent.com/pod-product-compliance
Lightning Source LLC
Chambersburg PA
CBHW061049250726
48653CB00001B/321